AF312717

CHINE = JAPON

MARS 1912

CHINE-JAPON

MARS 1912

Estampes Japonaises

appartenant à Monsieur K. MORITA

Estampes Japonaises, Bronzes, Laques
Gardes de Sabres
Paravent brodé, monture en bois de fer

appartenant à Monsieur P.

Dont la vente aura lieu à l'HOTEL DROUOT, Salle n° 1

Les Lundi 11 et Mardi 12 Mars 1912
à 2 heures

COMMISSAIRE-PRISEUR
M' André DESROUGES
RUE GRANGE-BATELIÈRE

EXPERT
M' André PORTIER
24, RUE CHAUCHAT

Chez lesquels se distribue le présent Catalogue.

Exposition Publique

Le DIMANCHE 10 MARS 1912, HOTEL DROUOT, Salle n° 11

de 2 heures à 6 heures

CONDITIONS DE LA VENTE

Elle sera faite expressément au comptant.

Les acquéreurs paieront 10 p. 100 en sus des enchères.

L'exposition mettant les amateurs à même de se rendre compte de l'état des objets, il ne sera admis aucune réclamation, une fois l'adjudication prononcée.

L'expert sera présent à l'Exposition publique et se tiendra à la disposition de MM. les Amateurs qui auraient des renseignements à lui demander ou des ordres d'achat à lui confier.

ESTAMPES JAPONAISES

APPARTENANT A M. MORITA

OUTAMARO

1. — Grand ft haut. Jeunes femmes en barque, pêchant à l'épervier sous le pont Ryogokou.

2. — Grand ft haut. Impression en noir. Faucon sur un rocher.

3. — Petit ft haut. Série des Fêtes au Yoshiwara. Trois danseuses.

8. —　　　—　　　Même série. Danseuses sous un arbre fleuri.

4. —　　　—　　　Même série. Trois autres danseuses.

5. — Petit ft haut. Série des Dix jolies femmes de maisons vertes. Courtisane accroupie.

6. — Ft larg. Deux courtisanes regardent leurs servantes, luttant, au jeu de Kubippiki, une corde au cou.
   Beau tirage, fatigué.

7. — Ft haut. Deux courtisanes, l'une accroupie, offrant une coupe à saké, l'autre debout, vêtue d'une robe décorée de cigognes.

9. — Petit ft carré. Fête des forgerons. Mois de novembre. Deux personnages lançant des mandarines.

10. — Ft haut. Impression en noir. Une tortue exhalant un nuage d'où sort une branche de pivoine fleurie.

11. — Ft larg. Le vieux ménage Taka Sago, sous un pin au bord de la mer.

12. — Ft larg. Trois pèlerins tentent d'entourer avec leurs bras étendus le tranc d'un gigantesque pin sacré.

13. — Ft haut. Courtisanes et leurs Kamuros, sous un arbre fleuri.

14. — Ft haut. Série des huit vues de Yédo. Vue du Lac de Shinobazou. Jeune fille et sa mère regardant des oies sauvages.

15. — Petit ft haut. Série de Pamagava. Deux courtisanes.

16. — Ft haut. Série des huit vues de Yédo. Une barque près du Nihongokou.

17. — Ft larg. Jeune femme faisant goûter de la soupe à un personnage accroupi.

18. — Ft haut. Deux jeunes femmes en barque, contemplant le clair de lune à Nakasu.

19. — Petit ft haut. Deux jeunes femmes auprès de cages, contenant des rossignols.

20. — Petit ft haut. Fête du jour de l'An. Jeunes femmes accroupies près d'un jeune homme, regardant des livres illustrés.
Pièce d'un bon tirage

21. — Ft haut. Médaillon représentant une scène du Chiuchingura. Kampe et Okarou surpris par un personnage portant une lanterne.

22. — Ft haut. Trois geishas en buste.

23. — — Geisha tenant une cage à oiseau.

24. — — Scène du Chiuchingura.

25. — Ft haut. Manzaï dansant devant un paravant décoré de grues; des servantes, dissimulées derrière ce paravent, les regardent.

26. — Ft haut. Geishas descendant de bateaux, portées par le batelier.

27. — — Fauconniers sur la grève en vue du Fuji.

28. — — Fauconnier à cheval, accompagné de deux serviteurs.

29. — Petit ft haut. Fête des moissons. Couple confectionnant un drapeau. Impression en noir.

30. — Sourimono. Jeune femme montrant un écrit à un savant accroupi.

31. — Ft haut. Fête de la naissance de Boudha. Bonze regardant une jeune femme, un enfant sur le dos.

32. — Petit ft haut. Scène du Chiuchingura. Personnage à genoux devant une femme.

33. — Ft haut. Fête des maisons vertes. Trois danseuses.

34. — — Fête des maisons vertes. Deux danseuses.

35. — Ft haut. Fête des jeunes filles. Trois jeunes filles regardant des jouets. Impression en noir.

36. — Ft larg. Porteurs traversant les flots au gué de Oïkawa. (Tokaïdo.)

37. — Ft larg. Trois mendiants faisant danser une singe devant des courtisanes accroupies près d'un paravent ou dissimulées derrière un store.

38. — Ft haut. Trois planches de la série du cortège, les personnages étant ici des enfants.

39. — Ft haut. Chasse au faucon, les fauconniers étant ici de jolies femmes.

40. — Les trois beautés de Chamise.

41. — Ft carré. Fête des Maisons vertes. Jeune femme au kimono noir dansant, un parasol à la main.

42. — Ft haut. Courtisane accroupie, un rouleau déplié à la main.

43. — — Couple debout, elle, l'aidant à passer un kimono.
Très beau tirage.

K. SHUNSEN

44. — Petit ft haut. Deux jeunes femmes en promenade au bord du lac de Uyeno.

45. — Gd ft haut. Fête des Maisons vertes. Trois geishas dansant.

46. — — Courtisane en promenade accompagnée de trois kamuros.

47. — Gd ft haut. Deux jeunes filles fumant leurs pipettes en vue de Osukayama.

48. — Gd ft haut. Trois enfants attrapant des poissons dans un petit bassin.

49. — Gd ft haut. Deux enfants jouant aux échecs.

50. — Ft larg. Deux enfants se battant.

51. — Ft haut. Deux enfants jouant et priant pour faire tomber la pluie.

52. — Ft haut. Deux danseuses aux longues chevelures rouges.

53. — Ft haut. Deux enfants portant un norimono minuscule, d'où un troisième a tiré une poupée, qu'il met à califourchon sur le dos d'un chien.

54. — Ft haut. Courtisane et deux Kamuro sous un arbre fleuri.

55. — — Garçon accroupi frappant un taïko.

56. — Ft haut. Deux enfants garnissant un vase. Série des 12 mois de l'année.

YEISHO

57. — Petit ft haut. Fête des moissons. Jeune femme confectionnant un drapeau.

58. — Petit ft haut. Deux geishas partant en promenade.

59. — Petit ft haut. Série de Tamagawa. Geisha vêtue d'un kimono noir à pois blanc, accroupie.

60. — Petit ft haut. Deux jeunes femmes fumant leurs pipettes sous une terrasse en vue de Mokojima, par un temps d'hiver.

61. — Petit ft haut. Courtisane près d'un vase fleuri. (Série des six belles femmes.)

62. — Petit ft haut. Série des Huit jolies femmes. Deux planches. Courtisanes et jeunes filles près d'un arbuste fleuri.

63. — Petit ft haut. Série des Tamagawa (Hide).. Courtisane accroupie près d'une baie ouverte.

YEISHI

64. — Ft haut. Genji monogatari. Le prince Genji debout près de deux femmes accroupies.

65. — Ft larg. Kintoki essayant sa force contre un puissant lutteur.
(Portant les signatures de Yeishi et de Shunyei)

66. — Petit ft haut. Jeune femme posant une branche fleurie dans un vase suspendu.

67. — Gd ft haut. Jeunes femmes entourant un marchand de bonbons.

68. — — Courtisanes en promenade.

69. — — Deux courtisanes accroupies, fumant leurs pipettes.

70. — Gd ft haut Courtisanes aux kimonos noirs se promenant sous les lanternes.

71. — Gd ft haut. Histoire de Narihira. Deux jeunes femmes disant adieu à un jeune homme.

72. — Petit ft haut. Fête des Maisons vertes. Trois danseuses.

73. — Gd ft haut. Jeunes femmes assises sur un bateau sur la grève.

HOKOUSAI

75. — Ft larg. Cinq vues de la série des 36 vues du Fuji.
Epreuves en bon tirage.

76. — Sourimono. Nombreuse famille jouant au bord du ruisseau, sous les arbres en fleurs.

77. — Carpe dans les flots.
Signé Taito.

KIYONAGA

78. — Petit ft. Jeune homme offrant une boîte à correspondance à une jeune fille.

79. — Petit ft. Famille se rendant au temple d'Asakousa.

80. — — Deux jeunes filles se promenant.

81. — Petit ft. Enfants jouant et poursuivant une jeune femme. (Deux planches.)

82. — Petit ft. Trois jeunes femmes en promenade dans la campagne, arrêtées près d'un cerisier en fleurs.

83. — Petit ft. Courtisane en promenade, suivie de Kamino.

84. — Ft haut. Couple en promenade, à Mokosuma.

85. — Ft haut. Deux jeunes femmes, dont l'une porte un enfant, en promenade au bord du lac de Omi.

86. — Ft haut. Courtisane et Kamuro en promenade.

87. — Ft haut. Enfants accrochant des jouets dans une branche de bambous. Près d'eux une jeune femme écrit. (Tête de Tanabata.)

88. — Ft haut. Enfants jouant et préparant des fleurs.

89. —   —   Joyeuse compagnie en barque sur la Soumida.

90. — Forme médaillon. Deux scènes d'acteurs dans des médaillons réservés sur fond noir.

91. — Ft haut. Courtisane et Kamuro en promenade, un serviteur les précédant, tenant une lanterne.

92. — Ft haut. Jeunes femmes, s'arrêtant pour allumer leurs pipettes, sur la route du temple.

93. — Ft haut. Fête de Kanda. Groupe se promenant sous le déguisement à tête de chimère.

94. — Ft haut. La marchande de cure-dents.

KORUISAI

95. — Pt ft carré. Deux jeunes femmes accroupies, en train de peindre.

96. — Pt ft carré. Série de Tamagaura (Hide), deux geishas dansant et jouant de la musique.

97. — Pt ft carré. Jeune garçon accroupi, jouant avec un rat, devant un massif fleuri.

98. — Pt ft carré. Jeune femme accroupie, arrangeant un arbre nain.

99. —   —   Courtisane enlacées sur une terrasse.

100. —   —   Enfant luttant contre une gigantesque pieuvre.

101. — Ft haut. Série de Tamagawa. Deux jeunes femmes causant.

102. — Petit ft carré. Guerrier à cheval faisant ses adieux à une jeune femme.

103. — Petit ft carré. Le Fuji au coucher du soleil, au jour de l'an.

104. —   —   Daïkokou et Yebisou, chargeant un cheval.

105. — Petit ft carré. Deux jeunes femmes devant un écran, décoré d'un vautour.

106. — Petit ft carré. Série de Tamagawa. Jeunes femmes sur une terrasse.

KIYOMITSOU

107. — Ft hoso-ye. Scène de théâtre. Deux guerriers luttant.

108. —   —   Deux guerriers sur un pont n.

109. —   —   Oïran en promenade.

110. —   —   Acteur debout, le kimono décoré de moineaux.

111. —   —   Courtisane debout, devant une baie fleurie.

112. —   —   Guerrier, un arc à la main, sur un cheval noir.

113. —   —   Acteur sautant un ruisseau.

114. —   —   Jeune femme debout sous un pin.

115. —   —   Guerrier brandissant un sabre.

116. —   —   Acteur debout, la robe décorée de moineaux.

117. —   —   Acteur luttant, une longue lance à la main.

118. —   —   Acteur debout, près d'un Forii.

119. —   —   Acteur debout, tenant une cigogne.

120. — Ft. hoso-ye. Jeune femme tenant une coupe au dessus d'un enfant accroupi.

121. — Ft hoso-ye. Acteur portant une hotte fleurie.

122. —   —   Acteur tenant un écran.

123. —   —   Acteur debout, la robe décorée de moineaux.

124. —   —   Deux acteurs tenant un obi, debout sous un pin.

125. —   —   Jeune femme portant une branche fleurie.

126. — Ft hoso-ye. Acteur grimaçant, debout, vêtu d'un kimono brique, à décor d'éclairs.

127. — Ft hoso-ye. Acteur debout sous un pin, broyant du riz.

CHOKI

128. — Ft hoso-ye. Deux acteurs, dont l'un en femme, portant deux sabres.

129. — Ft carré. Deux danseuses, près d'une cage.

130. —   —   Fête des Maisons vertes. Trois jeunes femmes dansant.

131. —   —   Courtisanes et Kamuros.

132. — Ft carré. Une planche de la série des douze estampes de la culture du riz.

133. — Ft carré. Fête des Maisons vertes. Jeunes femmes portant des fleurs.

134. —   —   Les montreurs de singe.

135. —   —   Quatre danseuses.

136. —   —   Groupe de courtisanes en promenade.

137. —   —   Groupe s'abritant sous un parasol.

138. —   —   Acteurs luttant, l'un étranglant l'autre.

139. —   —   Deux courtisanes en promenade.

140. — Ft carré. La promenade du shi-shi. Groupe d'enfants se promenant sous ce déguisement.

141. — Ft carré. Trois danseuses.

142. — Ft hoso-ye. Deux scènes d'acteurs, en femme, portant des sabres et une coupe à saké.

143. — Petit ft carré. Trois jeunes femmes en promenade.

144. — Petit ft carré. Deux jeunes femmes jouant avec un enfant, près de ballots de riz.

145. — Ft hoso-ye. Scène d'acteur, devant une gerbe de blé.

146. — Ft carré. Scène du Chiuchingwa.

147. —   —   Jeune femme habillant son enfant en petit Samuraï.

148. —   —   Jeune femme préparant une jardinière fleurie.

149. —   —   Courtisane et Kamuro en promenade.

150. —   —   Jeune femme brandissant une longue lance.

151. —   —   Acteur portant un sabre et un kimono.

152. —   —   Acteur, la robe décorée d'un joli vol de cigognes.

153. —   —   Acteur, vu de dos, tenant une flèche.

154. — Gd ft haut. Tête de Sano. Jeunes femmes jouant de la musique.

155. — Ft carré. Deux jeunes femmes accroupies, l'une jouant du **koto**.

156. —   —   Deux courtisanes devant une estrade.

157. — Ft carré. Acteurs aux longs favoris noirs, accroupi devant **deux** courtisanes.

158. — Ft hoso-ye. Acteur, un poing sur la hanche, l'autre main en avant.

159. — Petit ft carré. Culture du vers à soie (3e planche).

160. — Ft hoso-ye. Acteur tenant un sabre, une femme accroupie **tenant** un miroir.

161. — Ft hoso-ye. Acteur en forgeron.

162. —   —   Acteur levant une branche fleurie où pend une **poésie.**

163. — Petit ft carré. Cavalier maîtrisant son cheval.

164. —   —   Couple accroupi sous une vérandah.

165. — Ft hoso-ye. Acteur dansant et frappant des plaques sonores.

166. — Petit ft carré. Raiko se détachant contre Hania.

167. — Hoso-ye. Acteur debout, portant deux sabres.

168. — Petit ft carré. Deux guerriers se battant avec un personnage velu levant une boîte d'échecs.

169. — Hoso-ye. Acteur fauconnier.

K. SHIGEMASA

170. — Petit ft carré. Genji monogatari. Une planche de l'histoire de Genji.

171. — Petit ft carré. Deux planches, la 1re et la 6e du roman de Momotaro

172. — Hoso-ye. Acteur brandissant son sabre debout sous un pin.

173. — Petit ft carré. 8e Scène de l'histoire de Kintoki.

174. — Ft larg. Scène d'intérieur.

174a.— Ft larg. Scène d'intérieur.

174 b.— Manzaï dansant.

SHUNTCHO

175. — Pt ft carré. Courtisane en promenade et ses Kamuro.

176. — Ft hosoye. Acteur devant un store.

177. — Pt ft carré. Deux jeunes femmes et des enfants en promenade sur les bords du lac de Shinobasu.

178. — Petit ft carré. Couple devant une baie ouverte.

179. —   —   Courtisanes se promenant.

180. —   —   Jolie femme en promenade, suivie de ses servantes.

181. —   —   Djoro et Kamuro se promenant.

182. —   —   Jeunes femmes faisant de la musique.

183. — Petit ft carré. Scène d'intérieur. Jeunes femmes fumant leurs pipettes.

KIKUMARO

184. — Gd ft haut. Courtisane accroupie fumant sa pipette.

185. —   —   Couple lisant.

186. —   —   Jeune femme les mains jointes contemplant son amoureux.

187. —   —   Buste de jeune homme.

188. —   —   Autre buste de jeune homme abrité sous un parasol.

SHUNSEN

189. — Ft largeur. Jeunes femmes conduisant un bœuf lourdement chargé.

190. —   —   Trois enfants et un bœuf traversant un gué.

191. — Petit ft haut. Deux enfants costumés en dieux du Bonheur.

192. — Ft largeur. Scène de neige au bord du lac.

193. —   —   Pêcheuses de sel.

194. — Ft largeur. Jeunes femmes fumant leurs pipettes sur une terrasse en vue du port.

195. — Ft largeur. Promeneuses et porteur au bord du lac.

196. —   —   Scène au bord du lac.

197. —   —   Blanchisseuse et enfant.

YEISEN

198. — Ft largeur. Série de Tamagawa. Chofu. Jeune femme au bord de la rivière.

199. — Ft haut. Scène maternelle.

HOKUJIU

200. — Ft largeur. Vue de Ochanamisu.
201. —   —   Le Pont de Ohshi.
202. —   —   Bateau de passeur traversant la lagune.
203. —   —   Vue du temple de Osakousa.
204. —   —   Vue de Enoshima.
205. —   —   Vue de Tsukisima. Les barques quittant le port.
206. — ,   —   Le Pont de Ryogoku.
207. —   —   Vue de Atagoyama.

TOYOHIRO

208. — Ft largeur. Vue du temple de Uyeno.
209. — Petit ft carré. Deux Manzaï.
210. — Ft largeur. Vue de Nihontashi.
211. — Ft haut. Faucon sur son perchoir.
212. —   —   Acteur debout sur un bateau, élevant la perle sacrée.
213. —   —   Scène de maison de thé.
214. —   —   Jeunes femmes accroupies, l'une se préparant à écrire.
215. — Ft largeur. Vue aux environs du Yoshiwara.
216. —   —   Vue du temple de Atago.
217. —   —   Vue du temple de Uyeno.

SHUNYEI

218 — Pt ft carré. Deux guerriers luttant.
219. —   —   Guerrier se préparant à monter en barque.
220. — Ft hoso-ye. Acteur au kimono rouge sous un arbre en fleurs.
221. —   —   Trois planches de lutteurs.
222. —   —   Jeune femme sous une verandah.

HIROSHIGE

223. — Ft haut. Moineau sur une branche fleurie (trois planches).
224. —   —   Perruche rouge sur une branche de pin (six planches).
225. —   —   Les deux tortues.
226. —   —   Paysage réservé en clair sur fond noir.
227. —   —   Coq près d'un parasol (deux planches).
228. —   —   La chimère et son petit sur les rochers.

229. — — Les deux grenouilles sous une branche d'églantines.
230. — — Oiseau de paradis sur une branche (quatre planches).
231. — — Deux moineaux dans les églantines (trois planches).
232. — — Martin-pêcheur sur un cognassier (quatre planches).
233. — — Les deux canards.
234. — — La cascade au clair de lune.
235. — — Mésange sur une rose trémière.
236. — — Le paon au milieu des fleurs.

SHUNKO

237. — Ft hoso-ye. Deux lutteurs.
238. — — Acteur devant une haie.
239. — — Acteur aux longs cheveux blancs devant une barricade.
240. — — Acteur dans la neige s'abritant sous un parasol.
241. — — Acteur au kimono quadrillé, debout sous un pin.
242. — — Acteur retroussant sa manche.
243. — Ft largeur. Famille dans la campagne.
244. — — Scène dans les champs.
245. — — Vue de Enoshima.
246. — — Les pêcheuses, près d'Enoshima.
247. — — Enfants jouant dans la neige.
248. — — Les pêcheuses d'awabi (deux planches).
249. — — Enfants pêchant dans le courant.
250. — — Le pont de Ryogokou.
251. — — Vue de Enoshima.
252. — — Scène dans un norimono.
253. — — Enfants jouant avec un bœuf.
254. — — Les barques à l'entrée du port (deux planches).
255. — — Les barques à l'ancre.

HOKKEI

256. — Ft haut. Deux manzaï.
257. — Ft largeur. Deux personnages allumant leurs pipettes.

BUNTCHO

258. — Ft haut. Couple devant une jardinière fleurie.
259. — Ft hoso-ye. Acteur sous un érable.

REKISENTE

260. — Petit ft haut. Scène maternelle près du sac d'Hoteï.

TOSHIMITSU

261. — Ft largeur. Jeune femme accroupie près d'un marchand ambulant.

TOYOMASSA

262. — Petit ft haut. Fête des jeunes filles. Enfants jouant avec un petit norimono contenant une poupée.

263. — Petit ft haut. Fête du dieu des Richesses. Enfants faisant des bulles de savon.

TOYOMAROU

264. — Ft hoso-ye. Couple d'acteurs, lui frappant sur un taïko.

SHINSAI

265. — Ft largeur. Deux vues du lac de Omi.

SENRI

266. — Gd ft haut. Buste de courtisane jouant du shamisen.

SEKIJO

267. — Ft hoso-ye. Couple lisant une lettre.

268. — Petit ft carré. Couple causant, elle rajustant une épingle dans sa coiffure.

KIYONOBOU

269. — Ft hoso-ye. Acteur sous une vérandah.

270. —   —   Acteur, la tête couverte d'une étoffe.

271. —   —   Acteur sous un parasol, suivi d'un enfant.

TORIN

272. — Ft largeur. Jeune femme et bœufs au bord du fleuve Shugetsu-Shunyei-Tosen-Itto.

SHUGETSU-SHUNYEI-TAEN-IHO

273. — Ft largeur. Scène dans la rizière.

HOKUSHI

274. — Ft largeur. Famille dans la campagne.

SHICENAGA

275. — Ft hoso-ye. Acteur en promenade.

SHUNJO

276. — Ft hoso-ye. Acteur portant une branche fleurie à laquelle pend une poésie.

HIDEMARO

277. — Ft largeur. Paysage au bord du lac.

SANCHO

278. — Petit ft carré. Trois jeunes femmes sur une terrasse fleurie.

YOUJITEI TSUNEJINI

279. — Petit ft carré. Deux petites scènes d'intérieur.

KIYOTSUNE

280. — Ft hoso-ye. Acteur demi-nu, debout sous un palmier.
281. — — Kintoki luttant avec un ourson noir.
282. — — Acteur debout près d'un bassin.
283. — — Acteur brandissant un sabre en vue du Fiji.
284. — — Acteur grimaçant.
285. — — Acteur sous une vérandah.
286. — — Acteur accoudé sur un arbre.
287. — — Acteur portant une armure.
288. — — Acteur tenant un éventail.
289. — — Jeune femme sous une terrasse fleurie de vigogne.
290. — — Acteur tenant un ac et un éventail.
291. — — Jeune femme portant une boîte.
292. — — Jeune femme tenant une lanterne.

NON SIGNÉES

293. — Petit ft carré. Quatre planches d'enfants jouant, tirant à l'arc, etc. (Attribuées à Shigemassa).
294. — Petit ft carré. Quatre planches représentant des scènes du Chuchingura. (Attribuées à Shunsho.)
295. — Petit ft carré. Buste de courtisane. (Attribué à Kikumaro.)
296. — Ft hoso-ye. Acteur au kimono quadrillé (style des Torii).
297. — Ft largeur. Servante offrant une tasse de thé.
298. — Petit ft carré. Le jeune Samuraï.
299. — — Scène maternelle.

300. — Ft largeur. Promenade en barque. (Attribuée à Shunsen.)

301. — — Enfants cueillant des champignons.

302. — — Promenade dans la campagne.

303. — — Les forgerons.

304. — — Maison au milieu des cerisiers en fleurs.

305. — — Jeunes femmes sur une terrasse.

306. — — Jeunes femmes s'empressant autour d'un prince.

307. — Ft carré. Deux planches.

308. — Ff larg. Couple en barque sous la neige.

309. — Ft larg. Personnage contemplant une boîte d'où s'échappe une fumée.

310. — Ft carré. Personnage accroupi, en kimono rose.

311. — Ft larg. Les pêcheurs à l'épervier.

312. — Ft carré. Deux personnages sur la pointe d'un rocher.

313. — — Deux jeunes femmes disposant des fleurs.

314. — Ft larg. Vue du pont de Ryogkou.

315. — Ft carré. Groupe de dieux du bonheur.

316. — Ft larg. Deux planches représentant des jeunes femmes dans des occupations diverses.

KOUNIYOSHI

317. — Ft haut. Acteur aux longs cheveux noirs.

HOIN

318. — Ft Haut. Scènes grotesques.

TOYOKOUNI II

319. — Importante collection d'acteurs dans divers rôles et diverses postures.

ARMES & ARMURES

SABRES.

320. — Sabre court à garniture d'ivoire de mors, se terminant par un Shichi Fukujin. Le fourreau est à décor de guerriers.

321. — Autre sabre à garniture de mors, du même décor.

322. — Autre sabre à garniture de mors, à décor d'habitations et de personnages.

323. — Grand sabre à poignée de galucha, le fourreau en laque nachiji, portant les mon des daymio de Ashikaga.

324. — Grand sabre à fourreau noir laqué, à décor de mon. Poignée en galucha. Menuki représentant les masques de Hania et Okame. Garde à décor de vrilles de vigne.

325. — Grand sabre de parade, le fourreau en bois laqué strié, portant deux anneaux de suspension en bronze doré, aux armoiries des Tokugawa. Poignée en galucha avec menuki.

326. — Une armure en laque brun et passementerie.

327. — Deux très beaux masques anciens en bois laqué (housses en soieries anciennes).

GARDES DE SABRES

328. — Province de Higo. Garde quadrilatérale, les coins ajourés en forme de cœur.
XVIIᵉ siècle.

329. — Province de Higo. Garde ronde repercée d'un cœur et d'un concombre.

330. — Province de Higo. Garde ronde repercée de coquillages.

331. —   —   Garde ronde à décor de zones concentriques.

332. — Province de Higo. Garde ronde repercée d'attributs divers: incrustation de cuivre.

333. — Kaneiye. Garde quadrilobée, décorée de deux oies sauvages au-dessus des flots.
Signée.

334. — Qommokou-zogan. Très belle garde quadrilobée, finement incrustée de mon et d'un semis de petites lamelles.
XVIᵉ siècle.

335. — Ecole des Shoami. Jolie garde ronde, offrant en haut-relief, une figure de Darma.
XVIIᵉ siècle.

336. — Style des Fushimi. Jolie garde décorée de deux longues feuilles accolées.
XVIIᵉ siècle.

337. — Style des Fushimi. Très belle garde quadrilobée à décor incrusté de fleurs et de rinceaux.
XVIIᵉ siècle (Vente Gerbeau).

338. — Masubori. Garde circulaire à décor de guerrier.
XVIIᵉ siècle.

339. — Masubori. Style de Gekusaï. Garde circulaire repercée d'un oiseau de Hô dans les branches.
XVIII° siècle.

340. — Province de Kaga. Garde circulaire à fines incrustations.
XVII° siècle.

341. — Namban. Jolie garde circulaire entièrement repercée de deux dragons affrontés au milieu des flots.
XVII° siècle (Vente Gerbeau).

342. — Ecole de Umetada. Garde quadrilobée représentant en haut-relief une figure d'Oni au-dessus des flots, incrustés d'or.
XVIII° siècle.

343. — Ecole de Umetada. Garde quadrilobée à décor d'écrans et d'attributs en fines incrustations d'or.

344. — Ecole de Nara. Petite garde ovale, incrustée en shakoudo, d'un coq et d'une poule.

345. — Garde quadrilatérale en shibuitchi, décorée de deux martins-pêcheurs sous un saule pleureur.
Signée : Yasuchika.

346. — Style des Goto. Jolie garde ovale en shakoudo, décorée de deux écureuils dans des branches de vigne.
Signée : Oda Naomasu.

347. — Tadamasa. Garde circulaire, décorée d'un singe dans les branches d'un pin.
Signée.

348. — Toshimassa. Garde hexagonale, décorée de deux shojo, accroupis près d'une jarre de saké.
Signée.

349. — Ecole de Hamano. Jolie garde en shibuitchi, représentant un noble personnage à la longue barbe, consultant un écrit.
Pièce d'une très fine ciselure, signée Naoyuki-Kaiundo (artiste de la famille Toyama, élève de Noriyuki-Hamano), Yedo, fin du XVIII° siècle.

350. — Tsuneshige. Garde quadrilatérale en bronze sentokou, représentant un guerrier, une lance à la main et un tigre dans les bambous.
Signée.

351. — Naotoschi Giokuriuken. Garde quadrilatérale en bronze, ciselée d'un dragon au-dessus des flots.
Signée.

352. — Garde quadrilatérale à décor de vagues écumantes.
XVII° siècle.

353. — Garde en bronze, représentant Hoteï, un écran à la main, debout près de son sac aux richesses.
XVIII° siècle.

354. — Grande garde quadrilobée, décorée en haut-relief d'argent, d'un ibis au-dessus des flots.

355. — Garde ovale, en cuivre jaune, ciselée en relief de métaux divers
de quatre personnages à têtes de rat. Au dos, gravée au burin,
une longue procession des mêmes personnages.
Signée : Hiroyoshi...

356. — Garde ovale, en bronze, décorée, sur fond granité, d'une jolie lan-
gouste en haut-relief.

357. — Garde ovale, en shibuitchi, ciselée de deux chimères jouant près
d'une cascade.

358. — Grande garde quadrilobée, décorée, en haut-relief, d'un singe jouant
avec deux crabes, en incrustations diverses.

359. — Garde en fer, incrustée de cuivre, offrant deux branches de chrysan-
thèmes en fleurs.

360. — Jolie garde en shibuitchi, très finement ciselée, d'un personnage accompagné d'un oiseau apprivoisé.

361. — Un lot de vingt-neuf gardes diverses.
Seront divisées.

KOZUKA

362. — Style de Kaneiye. Personnage aux longs bras. Fer.

363. — Massamori. Nombreux personnages au milieu des habitations, près
d'un torii, Shibuitchi gravé.
De la famille Hosono, a Kyoto   Kebori Zogan.

364. — Massataka. Personnage étendu et lisant. Shibuitchi incrusté.
Signée : Massataka, de la famille Tsugi.

365. — Style des Kizayemon en Hizen. Paysage montagneux. Fer incrusté.

366. — Massatomo. Personnage à califourchon sur un tigre. Shibuitchi ciselé
et incrusté.
Massatomo Yamauta, éleve de Massachika Tsugi

367. — Un lot de onze Kozuka, en métaux divers.
(Seront divisés)

DIVERS

368. — Un lot de vingt-deux pièces, bouts et anneaux.
(Seront divisés)

369. — Un Kogaï et deux pointes de flèches.

370. — Une pipette.

371. — Un midzuire en forme de fruit.

372. — Un briquet en fer.

373. — Une carpe en fer, ciselé et articulé.

BRONZES

374. — Jolie boîte en bronze à belle patine rouge, représentant un fruit enfeuillagé sur lequel est posé une chauve-souris.
Jolie piece.

375. — Petit coq en bronze.

376. — Petit vase à col évasé, le fond imitant la vannerie, décoré de motifs fleuris. Deux petites anses détachées représentant des personnages.
Haut. 0 m. 17

377. — Brûle-parfums en bronze, décoré sur deux faces d'un personnage assis sur le dos d'un poisson et sur les deux autres d'un oiseau de Hô. Couvercle surmonté d'une jolie Kwannon enrubannée, portant un écran.
Haut. 0 m. 33

378. — Joli groupe, représentant une divinité, accompagnée de deux serviteurs, assise sur le lotus, les deux mains ramenées dans le giron. Socle bois finement sculpté.
Haut. 0 m. 27

379. — Deux petits godets à eau et un petit brûle-parfums en bronze finement ciselé.

380. — Petit bouddha cambodgien, accroupi, les deux mains posées sur la plante des pieds repliés.

381. — Trois jolies petites statuettes cambodgiennes, finement ciselées.

382. — Deux petites statuettes bronze.

383. — Petit bateau finement ciselé, en argent.

384. — Bracelet décoré d'animaux divers ciselé en haut-relief.

385. — Groupe en bronze, représentant un fruit sur lequel est juchée une petite tortue.

386. — Groupe représentant une divinité entourée de deux danseuses portant des fleurs de lotus. Elles sont groupées devant une limbe ajourée, supportant cinq parasols à pendeloque.
Très belle pièce. Siam. Haut. 0 m. 42

387. — Cloche bouddhique, finement gravée de losanges à fleurettes, surmontée d'un personnage grotesque.
Haut. 0 m. 20

388. — Deux chandeliers représentant des cigognes debout sur des tortues.
Haut. 0 m. 26

389. — Petit brûle-parfums en forme de canard.

390. — Un vase en bronze, joliment décoré.

391. — Six miroirs shintoistes.

392. — Très belle cloche de temple, en bronze ciselé, avec chaîne.

393. — Une paire de lampes de pagode.

394. — Chandelier de temple en forme de grue.

395. — Gong de temple, en forme de coupe creuse, à décor clouté.

396. — Brûle-parfums en bronze, portant deux anses en forme de salamandre et un couvercle surmonté d'une chimère. Décor d'oiseaux de Hô.

Haut. 0 m. 45

397. — Un très beau vase d'autel, en bronze, le col portant deux anneaux mobiles.

398. — Une théière en fer.

399. — Deux figures de bouddha.

400. — Un cadenas.

CLOISONNÉS

401. — Deux petites boîtes cloisonnées sur fond d'émaux turquoise, de motifs fleuris et d'un coq.

402. — Boîte cloisonnée sur fond d'émaux blancs, à décor d'oiseaux de Hô, dans les fleurs.

403. — Boîte cloisonnée, en forme de canard, la tête à demi cachée sous l'aile.

404. — Grand vase cloisonné, décoré sur fond vert clair de branches de prunier fleuries et d'oiseaux.

Haut. 0 m. 28

405. — Jolie pipe à eau, à garniture cloisonnée.

406. — Vase en bronze à décor cloisonné de palmettes. Anses à taotié avec anneaux mobiles.

XVII' siecle.   Haut. 0 m. 28

407. — Grand plat cloisonné, décoré sur fond d'émail noir d'un dragon et d'une chimère affrontés. Joli marli de fleurettes sur fond turquoise.

408. — Une petite théière cloisonnée.

409. — Une coupe cloisonnée.

410. — Un bol couvert cloisonné.

LAQUES ET NESUKE

411. — Grand plateau creux en laque noir, décoré à l'intérieur d'un grand mon représentant un oiseau en laque d'or, les ailes éployées.

412. — Taberou de voyage en laque brun et or.

413. — Inro à une case en bois, imitant le velours, décoré d'un cerf en poterie, accroupi près d'un torii.

414. — Joli inro, à quatre cases, en laque brun, décoré en incrustations de nacre de touffes de roseaux.

415. — Grand inro, à quatre cases, décoré sur fond de laque argenté, d'un troupeau de chevaux sauvages sous un pin.

416. — Inro, à quatre cases, en laque noir, décoré de trois biches au milieu des rochers.

417. — Inro, à quatre cases, en laque brun, décoré de deux personnages, causant sous un pin.

418. — Inro à deux cases, décoré de deux cigognes se posant au milieu d'un buisson fleuri.

419. — Inro à quatre cases en laque brun, décoré sur une face d'un vase fleuri, et sur l'autre d'un chat sur une boîte.

420. — Inro à quatre cases en laque noir, décoré de deux branches de lotus.

421. — Inro à une case, en bois spongieux, une face laquée, l'autre portant deux perdrix métalliques.

422. — Inro à quatre cases en laque noir, décoré de deux licornes au-dessus des flots.

423. — Grand inro à une case en écorce, décoré de deux appliques de poterie, l'une représentant une figure d'Okamé.

424. — Petit inro en laque poudré, décoré de mon de chrysantèmes.

425. — Très jolie boîte à parfums en laque poudre d'or, décorée de branches fleuries.

426. — Petite boîte lenticulaire en laque noir, décorée au laque d'or d'un oiseau sur une branche.

427. — Petite boîte lenticulaire en laque nachiji, à décor fleuri.

428. — Une petite boîte en laque poudré, imitant une feuille.

429. — Un lot de vingt netsukés en bois et en ivoire.
(Seront divisés).

430. — Quatre netsukés boutons, à plaquettes métalliques finement ciselées.

431. — Quatre étuis à pipe, dont un en corne, finement sculptés.

432. — Deux petites appliques en bambou.

433. — Un petit lot de menukis.

434. — Deux pochettes à tabac, en bois joliment sculpté.

435. — Quatre petites poupées et deux petits chiens en laque blanc.

436. — Trois poupées, vêtues d'étoffes anciennes.

CÉRAMIQUE

437. — Une grosse potiche tubulaire en porcelaine blanche, à décor de mon.

438. — Un oreiller en porcelaine, à joli décor polychrome.

439. — Une jardinière flammée.

440. — Une coupe en porcelaine crème craquelée.

441. — Deux assiettes plates en porcelaine craquelée, à décor de pin.

442. — Un bol en poterie blanche.

443. — Un bol campanulé à couverte grise.

444. — Un bol à saké, en poterie crème, à rayures transversales.

445. — Une petite boîte à fard.

446. — Une très belle assiette à émaux transparents.
Cachet Kienlong.

PEINTURES

447. — Grand tableau encadré représentant une scène de combat.

448. — Peinture encadrée offrant une branche de pivoines.

449. — Trois kakémonos divers.

450. — Kakémono représentant Benkeï et Yoshitsune.

451. — Une très belle peinture chinoise représentant de nombreux personnages sur une terrasse.

452. — Un lot de péniches chinoises diverses.
(Seront divisées).

DIVERS

453. — Un petit lot de statuettes genre Tanagra.
(Seront divisées).

454. — Un lot de cuirs espagnols.

455. — Une jolie robe brodée. Chine.

456. — Un tapis de selle broché. Japon.

457. — Deux colliers.

458. — Un étendard de temple. Chine.

459. — Un lot de fragments d'étoffes japonaises anciennes, brochées et brodées.

460. — Bâton de bonze (Nihoï), en laque et cuivre doré.

461. — Hochet de bonze mendiant, avec manche en forme de lotus.

462. — Pipe à opium et lampe.

463. — Deux verseuses à saké, en cuivre doré, pour le service sur les nattes.

464. — Paire d'éventails en plumes.

Attributs de danses de Nô.

465. — Deux pipes à eau.

ESTAMPES JAPONAISES

KUGONAGA

466. — Petit ft carré. Trois jeunes femmes sur une terrasse.

467. — Feuilles d'album. Scènes de guerriers.

468. —   —   Groupe d'enfants formés en cortège.

KIYONOBOU

469. — Ft hoso-ye. Groupe d'acteurs sous une glycine.

470. —   —   Jeune femme sortant d'une maison de thé.

HAROUNOBOU

471. — Ft largeur. Jeune fille sur une terrasse regardant des paysans rentrant du bois.

472. — Ft haut. Jeune femme passant un kimono à un poussah accroupi demi-nu.

473. — Ft haut. Jeune femme se promenant sur la falaise.

474. — Ft haut. Jeune femme tenant un modèle de bateau à voiles, accompagnée d'un serviteur tenant un parasol.

KORIUSAI

475. — Petit ft carré. Un coq et une poule dans les bambous.

476. — Nagaye. Jeune femme sur une terrasse jouant avec un chat.

477. —   —   Serviteur au kimono brique jouant avec une fillette.

478. — Petit ft carré. Deux singes près d'une cascade.

SHUNSHO

479. — Diptyque d'hoso-ye. Deux acteurs lisant un écrit sous un pin couvert de neige.

480. — Ft carré. La jeune tisseuse à son métier.

481. —   —   Couple d'acteurs devant un store.

482. — Ft hoso-ye. Acteur, richement vêtu, tirant son sabre.

SHUNKO

483. — Nagaye. Jeune femme apparaissant sous une vérandah.

484. — Diptyque d'hoso-ye. Deux acteurs aux kimonos bruns sous un arbre fleuri.

SHIN SHO

485. — Ft haut. Deux courtisanes traversant le gué sur les épaules de deux solides gaillards.

CHOKI

486. — Gd ft haut. Un jeune homme et plusieurs jeunes femmes sur une terrasse fleurie.

SHUNTCHO

487. — Ft largeur. Deux scènes burlesques.

TOYOKOUMI

488. — Ft hoso-ye. Acteur en femme, coiffé de trois torches.

489. — Gd ft haut. Trois acteurs près d'un porte-sabres.

490. —   —   Courtisane jouant du koto.

491. — Pt ft haut. Quatre planches d'acteurs.

HOKOUSAI

492. — Ft largeur. Planche des 36 vues. Le Fuji, au-dessus du canal.

493. —   —   Série des ponts. Le pont de pierre et de bois.

494. —   —   Paysans conduisant des bœufs chargés, en vue du Fuji.

495. —   —   Scène d'ainos.

496. — Ft hachirakaki. Serviteur portant sur son dos une fillette richement vêtue.

497. — Ft largeur. Vue du Fuji. La roue à eau.

HOKUGIOU

498. —   —   Le temple au bord de la mer.

499. —   —   La traversée de la lagune.

500. —   —   La jonque dans la grande vague.

OUTAMARO

501. — Gd ft haut. Courtisane debout, tenant une lanterne décorée d'une cigogne.

502. — Gd ft haut. Fauconnier à cheval, accompagné de deux serviteurs.

503. — Gd ft haut. La foule sur le pont Ryogokou, regardant les bateaux de plaisir.

504. — Gd ft haut. Jeune femme aidant son ami à mettre un grand kimono noir.

505. — Gd ft haut. Impression en noir. Daïkokou en extase devant Benten, jouant du shamisen.

506. — Gd ft haut. Courtisane buvant du saké.

506.a— Couple causant.

507. — Gd ft haut. Personnage velu s'enfuyant devant une apparition à tête de belette.

508. — Gd ft haut. Courtisane accroupie, fumant sa pipette.

509. —   —   Deux planches de scènes maternelles.

510. —   —   Yamaouba et Kintoki.

511. —   —   Jeune femme dans son kago, en vue d'Enoshima.

KIKUMARO

512. — Gd ft haut. Deux jeunes femmes en buste, l'une tenant une tasse de thé.

HIROSCHIGE

513. — Ft en haut. Paon dans les camélias.

514. — Ft largeur. Les porteurs de Kago (Tokaïdo).

515. — Ft haut. La promenade au Yosiroara.

516. — Ft étroit haut. Les canards sous une branche fleurie.

517. —   —   Deux moineaux dans les clématites.

518. — Ft larg. Le village sous la neige.

519. —   —   Carpe dans la vague.

520. —   —   Scène dans la rizière.

521. —   —   L'étroite vallée.

522. —   —   Maison de thé sur la hauteur.

523. —   —   La colline dans le brouillard du matin.

524. —   —   Trois joueurs de shamisen près d'une maison de thé.

525. —   —   La mare aux canards.

KEISAI

526. — Petit ft carré. Impression en noir. Un oiseau sur une branche fleurie.

527. — Un lot d'estampes pour Toyokouni, Kounissada, Keisaï, Kouniyoshi, etc.

(Sera divisé).

528. — Une collection d'estampes érotiques.

529. — Un album offrant de jolies scènes du Genji monogatari.

530. — Une collection de Surimonos, par Hokousaï, Shinsaï, etc.

Imp. KELLER & POIRIER

88, Rue Rochechouart, 88

——— PARIS ———

9 782329 491684